AF498284

TABLEAU

DES ESPÈCES NEUVES QUI SERONT FRAPPÉES ET MISES EN CIRCULATION POUR TOUTE LA SUISSE.

a) Monnaies d'argent.

500,000	pièces de 5 francs	fr.	2,500,000.
750,000	pièces de 2 francs	»	1,500,000.
2,500,000	pièces de 1 franc	»	2,500,000.
2,000,000	pièces de ½ franc	»	1,000,000.

b) Monnaies de billon.

10,000,000	pièces de 20 centimes	»	2,000,000.
12,500,000	pièces de 10 centimes	»	1,250,000.
20,000,000	pièces de 5 centimes	»	1,000,000.

c) Monnaies de cuivre.

11,000,000	pièces de 2 centimes	»	220,000.
3,000,000	pieces de 1 centime	»	30,000.
62,250,000		fr.	12,000,000.

GUIDE

POUR

LES NOUVELLES MONNAIES

FÉDÉRALES,

CONTENANT LES RÉDUCTIONS

DES FRANCS DE SUISSE ANCIENS, EN FRANCS FÉDÉRAUX NOUVEAUX,
ET DES FRANCS FÉDÉRAUX NOUVEAUX EN FRANCS DE SUISSE ANCIENS:
LES ARRÊTÉS ET TARIFS FÉDÉRAUX ET VAUDOIS
POUR LE RETRAIT DES MONNAIES,
ET UN PETIT TARIF POUR LA RÉDUCTION DES BATZ.

TROISIÈME ÉDITION.

LAUSANNE,
LIBRAIRIE DE GEORGES BRIDEL.

1851.

Les Tables de Réductions qui suivent, n'ont pas besoin de directions pour la manière de s'en servir, puisqu'en face de chaque somme se trouve porté son produit en monnaie d'autre espèce, soit pour l'argent de Suisse ancien, soit pour l'argent fédéral : il suffira de dire que les fractions de centimes, dépassant $^5/_{100}$ ou la demi d'un centime, ont été comptées pour un centime entier, et qu'il en a été de même pour les rappes.

Pour faciliter la recherche d'un produit quelconque, chaque page contient un nombre rond de calculs, soit :

la page 4, ceux de   1 à Fr. 100 Suisse.
»   5, · »   de 101 à » 200   »
et ainsi de suite jusqu'à 1000 et 10,000.

Les pages 15 et 16 donnent le produit des francs fédéraux en francs anciens, soit :

la 1re de Fr.   1 à   100,
la 2e de » 100 à 10,000.

La dénomination de LIVRES, pour exprimer l'ancien argent de Suisse, a été adoptée, pour éviter toute méprise entre les deux espèces de francs.

Quant aux Tarifs pour le taux du retrait ou de la circulation provisoire des anciennes monnaies, portés pages 18 et 19, on a réuni autant qu'on l'a pu, les espèces de même nature et d'un même Canton, afin de faciliter la recherche de leurs produits de conversion, soit en francs anciens, soit en francs nouveaux.

La dernière page contient un petit tarif pour la réduction des Batz, jusqu'à la contre-valeur de Fr. 10 fédéraux; l'annotation mise à droite du tableau, demande à être lue attentivement.

Avec le système décimal nouveau, les unités de centimes ne s'expriment jamais par un seul chiffre, lorsqu'elles sont précédées, suivies ou réunies à des francs. Ainsi, pour poser 26 francs 9 centimes, l'on écrira Fr. 26. 09 c., et de même pour toute somme de moins de 10 centimes, remplissant toujours la dizaine qui n'a rien, par un zéro.

Les plus grands soins ont été apportés à la confection de ces divers tarifs, et le seul qui pouvait donner lieu à des erreurs de calcul, soit celui de l'argent de Suisse, réduit en francs fédéraux nouveaux, sur le pied de 69 pour 100, ou de fféd. 1. 44 c. $\frac{928}{1000}$, a été soumis au Conseil d'Etat qui en a fait constater l'exactitude.

RAPPES ANCIENS, RÉDUITS EN CENTIMES FÉDÉRAUX.

ANCIENS.	NOUVEAUX.	ANCIENS.	NOUVEAUX.	ANCIENS.	NOUVEAUX.	
Rappes.	Centimes.	Rappes.	Centimes.	Rappes.	Fr.	Cent.
1	1 $^1/_2$	35	51	69	1	»»
2	3	36	52	70	1	01
3	4	37	54	71	1	03
4	6	38	55	72	1	04
5	7	39	57	73	1	06
6	9	40	58	74	1	07
7	10	41	59	75	1	09
8	12	42	61	76	1	10
9	13	43	62	77	1	12
10	14	44	64	78	1	13
11	16	45	65	79	1	14
12	17	46	67	80	1	16
13	19	47	68	81	1	17
14	20	48	70	82	1	19
15	22	49	71	83	1	20
16	23	50	72	84	1	22
17	25	51	74	85	1	23
18	26	52	75	86	1	25
19	28	53	77	87	1	26
20	29	54	78	88	1	28
21	30	55	80	89	1	29
22	32	56	81	90	1	30
23	33	57	83	91	1	32
24	35	58	84	92	1	33
25	36	59	86	93	1	35
26	38	60	87	94	1	36
27	39	61	88	95	1	38
28	41	62	90	96	1	39
29	42	63	91	97	1	41
30	43	64	93	98	1	42
31	45	65	94	99	1	43
32	46	66	96	100	1	45
33	48	67	97			
34	49	68	99			

FRANCS ANCIENS, RÉDUITS EN FRANCS NOUVEAUX.

ANCIENS.	NOUVEAUX.	ANCIENS.	NOUVEAUX.	ANCIENS.	NOUVEAUX.
Livres.	Fr. Cent.	Livres.	Fr. Cent.	Livres.	Fr. Cent.
1	1 45	34	49 28	67	97 10
2	2 90	35	50 72	68	98 55
3	4 35	36	52 17	69	100 » »
4	5 80	37	53 62	70	101 45
5	7 25	38	55 07	71	102 90
6	8 70	39	56 52	72	104 35
7	10 14	40	57 97	73	105 80
8	11 59	41	59 42	74	107 25
9	13 04	42	60 87	75	108 70
10	14 49	43	62 32	76	110 14
11	15 94	44	63 77	77	111 59
12	17 39	45	65 22	78	113 04
13	18 84	46	66 67	79	114 49
14	20 29	47	68 12	80	115 94
15	21 74	48	69 57	81	117 39
16	23 19	49	71 01	82	118 84
17	24 64	50	72 46	83	120 29
18	26 09	51	73 91	84	121 74
19	27 54	52	75 36	85	123 19
20	28 99	53	76 81	86	124 64
21	30 43	54	78 26	87	126 09
22	31 88	55	79 71	88	127 54
23	33 33	56	81 16	89	128 99
24	34 78	57	82 61	90	130 43
25	36 23	58	84 06	91	131 88
26	37 68	59	85 51	92	133 33
27	39 13	60	86 96	93	134 78
28	40 58	61	88 41	94	136 23
29	42 03	62	89 86	95	137 68
30	43 48	63	91 30	96	139 13
31	44 93	64	92 75	97	140 58
32	46 38	65	94 20	98	142 03
33	47 83	66	95 65	99	143 48
» »	» » » »	» »	» » » »	100	144 93

FRANCS ANCIENS, RÉDUITS EN FRANCS NOUVEAUX.

ANCIENS.	NOUVEAUX.	ANCIENS.	NOUVEAUX.	ANCIENS.	NOUVEAUX.
Livres.	Fr. Cent.	Livres.	Fr. Cent.	Livres.	Fr. Cent.
101	146 38	134	194 20	167	242 03
102	147 83	135	195 65	168	243 48
103	149 28	136	197 10	169	244 93
104	150 72	137	198 55	170	246 38
105	152 17	138	200 » »	171	247 83
106	153 62	139	201 45	172	249 28
107	155 07	140	202 90	173	250 72
108	156 52	141	204 35	174	252 17
109	157 97	142	205 80	175	253 62
110	159 42	143	207 25	176	255 07
111	160 87	144	208 70	177	256 52
112	162 32	145	210 14	178	257 97
113	163 77	146	211 59	179	259 42
114	165 22	147	213 04	180	260 87
115	166 67	148	214 49	181	262 32
116	168 12	149	215 94	182	263 77
117	169 57	150	217 39	183	265 22
118	171 01	151	218 84	184	266 67
119	172 46	152	220 29	185	268 12
120	173 91	153	221 74	186	269 57
121	175 36	154	223 19	187	271 01
122	176 81	155	224 64	188	272 46
123	178 26	156	226 09	189	273 91
124	179 71	157	227 54	190	275 36
125	181 16	158	228 99	191	276 81
126	182 61	159	230 43	192	278 26
127	184 06	160	231 88	193	279 71
128	185 51	161	233 33	194	281 16
129	186 96	162	234 78	195	282 61
130	188 41	163	236 23	196	284 06
131	189 86	164	237 68	197	285 51
132	191 30	165	239 13	198	286 96
133	192 75	166	240 58	199	288 41
» » » »	» » » » » »	» » » »	» » » » » »	200	289 86

(201 à 500)

FRANCS ANCIENS, RÉDUITS EN FRANCS NOUVEAUX.

ANCIENS.	NOUVEAUX.		ANCIENS.	NOUVEAUX.		ANCIENS.	NOUVEAUX.	
Livres.	Fr.	Cent.	Livres.	Fr.	Cent.	Livres.	Fr.	Cent.
201	291	30	234	339	13	267	386	96
202	292	75	235	340	58	268	388	41
203	294	20	236	342	03	269	389	86
204	295	65	237	343	48	270	391	30
205	297	10	238	344	93	271	392	75
206	298	55	239	346	38	272	394	20
207	300	»»	240	347	83	273	395	65
208	301	45	241	349	28	274	397	10
209	302	90	242	350	72	275	398	55
210	304	35	243	352	17	276	400	»»
211	305	80	244	353	62	277	401	45
212	307	25	245	355	07	278	402	90
213	308	70	246	356	52	279	404	35
214	310	14	247	357	97	280	405	80
215	311	59	248	359	42	281	407	25
216	313	04	249	360	87	282	408	70
217	314	49	250	362	32	283	410	14
218	315	94	251	363	77	284	411	59
219	317	39	252	365	22	285	413	04
220	318	84	253	366	67	286	414	49
221	320	29	254	368	12	287	415	94
222	321	74	255	369	57	288	417	39
223	323	19	256	371	01	289	418	84
224	324	64	257	372	46	290	420	29
225	326	09	258	373	91	291	421	74
226	327	54	259	375	36	292	423	19
227	328	99	260	376	81	293	424	64
228	330	43	261	378	26	294	426	09
229	331	88	262	379	71	295	427	54
230	333	33	263	381	16	296	428	99
231	334	78	264	382	61	297	430	43
232	336	23	265	384	06	298	431	88
233	337	68	266	385	51	299	433	33
»»»»	»»»»	»»»	»»»»	»»»»	»»»	300	434	78

FRANCS ANCIENS, RÉDUITS EN FRANCS NOUVEAUX.

ANCIENS.	NOUVEAUX.	ANCIENS	NOUVEAUX.	ANCIENS.	NOUVEAUX.
Livres.	Fr. Cent.	Livres.	Fr. Cent	Livres	Fr. Cent.
301	436 23	334	484 06	367	531 88
302	437 68	335	485 51	368	533 33
303	439 13	336	486 96	369	534 78
304	440 58	337	488 41	370	536 23
305	442 03	338	489 86	371	537 68
306	443 48	339	491 30	372	539 13
307	444 93	340	492 75	373	540 58
308	446 38	341	494 20	374	542 03
309	447 83	342	495 65	375	543 48
310	449 28	343	497 10	376	544 93
311	450 72	344	498 55	377	546 38
312	452 17	345	500 »»	378	547 83
313	453 62	346	501 45	379	549 28
314	455 07	347	502 90	380	550 72
315	456 52	348	504 35	381	552 17
316	457 97	349	505 80	382	553 62
317	459 42	350	507 25	383	555 07
318	460 87	351	508 70	384	556 52
319	462 32	352	510 14	385	557 97
320	463 77	353	511 59	386	559 42
321	465 22	354	513 04	387	560 87
322	466 67	355	514 49	388	562 32
323	468 12	356	515 94	389	563 77
324	469 57	357	517 39	390	565 22
325	471 01	358	518 84	391	566 67
326	472 46	359	520 29	392	568 12
327	473 91	360	521 74	393	569 57
328	475 36	361	523 19	394	571 01
329	476 81	362	524 64	395	572 46
330	478 26	363	526 09	396	573 91
331	479 71	364	527 54	397	575 36
332	481 16	365	528 99	398	576 81
333	482 61	366	530 43	399	578 26
»»»»	»»»» »»»	»»»»	»»»» »»»	400	579 71

FRANCS ANCIENS, RÉDUITS EN FRANCS NOUVEAUX.

ANCIENS.	NOUVEAUX.		ANCIENS.	NOUVEAUX.		ANCIENS.	NOUVEAUX.	
Livres.	Fr.	Cent.	Livres.	Fr.	Cent.	Livres.	Fr.	Cent.
401	581	16	434	628	99	467	676	81
402	582	61	435	630	43	468	678	26
403	584	06	436	631	88	469	679	71
404	585	51	437	633	33	470	681	16
405	586	96	438	634	78	471	682	61
406	588	41	439	636	23	472	684	06
407	589	86	440	637	68	473	685	51
408	591	30	441	639	13	474	686	96
409	592	75	442	640	58	475	688	41
410	594	20	443	642	03	476	689	86
411	595	65	444	643	48	477	691	30
412	597	10	445	644	93	478	692	75
413	598	55	446	646	38	479	694	20
414	600	»»	447	647	83	480	695	65
415	601	45	448	649	28	481	697	10
416	602	90	449	650	72	482	698	55
417	604	35	450	652	17	483	700	»»
418	605	80	451	653	62	484	701	45
419	607	25	452	655	07	485	702	90
420	608	70	453	656	52	486	704	35
421	610	14	454	657	97	487	705	80
422	611	59	455	659	42	488	707	25
423	613	04	456	660	87	489	708	70
424	614	49	457	662	32	490	710	14
425	615	94	458	663	77	491	711	59
426	617	39	459	665	22	492	713	04
427	618	84	460	666	67	493	714	49
428	620	29	461	668	12	494	715	94
429	621	74	462	669	57	495	717	39
430	623	19	463	671	01	496	718	84
431	624	64	464	672	46	497	720	29
432	626	09	465	673	91	498	721	74
433	627	54	466	675	36	499	723	19
»»»»	»»»»	»»»	»»»»	»»»»	»»»	500	724	64

FRANCS ANCIENS, RÉDUITS EN FRANCS NOUVEAUX.

ANCIENS.	NOUVEAUX.		ANCIENS.	NOUVEAUX.		ANCIENS.	NOUVEAUX.	
Livres.	Fr.	Cent.	Livres.	Fr.	Cent.	Livres.	Fr.	Cent.
501	726	09	534	773	91	567	821	74
502	727	54	535	775	36	568	823	19
503	728	99	536	776	81	569	824	64
504	730	43	537	778	26	570	826	09
505	731	88	538	779	71	571	827	54
506	733	33	539	781	16	572	828	99
507	734	78	540	782	61	573	830	43
508	736	23	541	784	06	574	831	88
509	737	68	542	785	51	575	833	33
510	739	13	543	786	96	576	834	78
511	740	58	544	788	41	577	836	23
512	742	03	545	789	86	578	837	68
513	743	48	546	791	30	579	839	13
514	744	93	547	792	75	580	840	58
515	746	38	548	794	20	581	842	03
516	747	83	549	795	65	582	843	48
517	749	28	550	797	10	583	844	93
518	750	72	551	798	55	584	846	38
519	752	17	552	800	»»	585	847	83
520	753	62	553	801	45	586	849	28
521	755	07	554	802	90	587	850	72
522	756	52	555	804	35	588	852	17
523	757	97	556	805	80	589	853	62
524	759	42	557	807	25	590	855	07
525	760	87	558	808	70	591	856	52
526	762	32	559	810	14	592	857	97
527	763	77	560	811	59	593	859	42
528	765	22	561	813	04	594	860	87
529	766	67	562	814	49	595	862	32
530	768	12	563	815	94	596	863	77
531	769	57	564	817	39	597	865	22
532	771	01	565	818	84	598	866	67
533	772	46	566	820	29	599	868	12
»»»»	»»»»	»»»	»»»»	»»»»	»»»	600	869	57

FRANCS ANCIENS, RÉDUITS EN FRANCS NOUVEAUX.

ANCIENS.	NOUVEAUX.		ANCIENS.	NOUVEAUX.		ANCIENS.	NOUVEAUX.	
Livres.	Fr.	Cent.	Livres.	Fr.	Cent.	Livres.	Fr.	Cent.
601	871	01	634	918	84	667	966	67
602	872	46	635	920	29	668	968	12
603	873	91	636	921	74	669	969	57
604	875	36	637	923	19	670	971	01
605	876	81	638	924	64	671	972	46
606	878	26	639	926	09	672	973	91
607	879	71	640	827	54	673	975	36
608	881	16	641	928	99	674	976	81
609	882	61	642	930	43	675	978	26
610	884	06	643	931	88	676	979	71
611	885	51	644	933	33	677	981	16
612	886	96	645	934	78	678	982	61
613	888	41	646	936	23	679	984	06
614	889	86	647	937	68	680	985	51
615	891	30	648	939	13	681	986	96
616	892	75	649	940	58	682	988	41
617	894	20	650	942	03	683	989	86
618	895	65	651	943	48	684	991	30
619	897	10	652	944	93	685	992	75
620	898	55	653	946	38	686	994	20
621	900	»»	654	947	83	687	995	65
622	901	45	655	949	28	688	997	10
623	902	90	656	950	72	689	998	55
624	904	35	657	952	17	690	1000	»»
625	905	80	658	953	62	691	1001	45
626	907	25	659	955	07	692	1002	90
627	908	70	660	956	52	693	1004	35
628	910	14	661	957	97	694	1005	80
629	911	59	662	959	42	695	1007	25
630	913	04	663	960	87	696	1008	70
631	914	49	664	962	32	697	1010	14
632	915	94	665	963	77	698	1011	59
633	917	39	666	965	22	699	1013	04
»»»»	»»»»	»»»	»»»»	»»»»	»»»	700	1014	49

FRANCS ANCIENS, RÉDUITS EN FRANCS NOUVEAUX.

ANCIENS.	NOUVEAUX.		ANCIENS.	NOUVEAUX.		ANCIENS.	NOUVEAUX.	
Livres.	Fr.	Cent.	Livres.	Fr.	Cent.	Livres.	Fr.	Cent.
701	1015	94	734	1063	77	767	1111	59
702	1017	39	735	1065	22	768	1113	04
703	1018	84	736	1066	67	769	1114	49
704	1020	29	737	1068	12	770	1115	94
705	1021	74	738	1069	57	771	1117	39
706	1023	19	739	1071	01	772	1118	84
707	1024	64	740	1072	46	773	1120	29
708	1026	09	741	1073	91	774	1121	74
709	1027	54	742	1075	36	775	1123	19
710	1028	99	743	1076	81	776	1124	64
711	1030	43	744	1078	26	777	1126	09
712	1031	88	745	1079	71	778	1127	54
713	1033	33	746	1081	16	779	1128	99
714	1034	78	747	1082	61	780	1130	43
715	1036	23	748	1084	06	781	1131	88
716	1037	68	749	1085	51	782	1133	33
717	1039	13	750	1086	96	783	1134	78
718	1040	58	751	1088	41	784	1136	23
719	1042	03	752	1089	86	785	1137	68
720	1043	48	753	1091	30	786	1139	13
721	1044	93	754	1092	75	787	1140	58
722	1046	38	755	1094	20	788	1142	03
723	1047	83	756	1095	65	789	1143	48
724	1049	28	757	1097	10	790	1144	93
725	1050	72	758	1098	55	791	1146	38
726	1052	17	759	1100	»»	792	1147	83
727	1053	62	760	1101	45	793	1149	28
728	1055	07	761	1102	90	794	1150	72
729	1056	52	762	1104	35	795	1152	17
730	1057	97	763	1105	80	796	1153	62
731	1059	42	764	1107	25	797	1155	07
732	1060	87	765	1108	70	798	1156	52
733	1062	32	766	1110	14	799	1157	97
»»»»	»»»»»» »»»		»»»»	»»»»»» »»»		800	1159	42

FRANCS ANCIENS, REDUITS EN FRANCS NOUVEAUX.

ANCIENS. Livres.	NOUVEAUX. Fr.	Cent.	ANCIENS. Livres.	NOUVEAUX. Fr.	Cent.	ANCIENS. Livres.	NOUVEAUX. Fr.	Cent.
801	1160	87	834	1208	70	867	1256	52
802	1162	32	835	1210	14	868	1257	97
803	1163	77	836	1211	59	869	1259	42
804	1165	22	837	1213	04	870	1260	87
805	1166	67	838	1214	49	871	1262	32
806	1168	12	839	1215	94	872	1263	77
807	1169	57	840	1217	39	873	1265	22
808	1171	01	841	1218	84	874	1266	67
809	1172	46	842	1220	29	875	1268	12
810	1173	91	843	1221	74	876	1269	57
811	1175	36	844	1223	19	877	1271	01
812	1176	81	845	1224	64	878	1272	46
813	1178	26	846	1226	09	879	1273	91
814	1179	71	847	1227	54	880	1275	36
815	1181	16	848	1228	99	881	1276	81
816	1182	61	849	1230	43	882	1278	26
817	1184	06	850	1231	88	883	1279	71
818	1185	51	851	1233	33	884	1281	16
819	1186	96	852	1234	78	885	1282	61
820	1188	41	853	1236	23	886	1284	06
821	1189	86	854	1237	68	887	1285	51
822	1191	30	855	1239	13	888	1286	96
823	1192	75	856	1240	58	889	1288	41
824	1194	20	857	1242	03	890	1289	86
825	1195	65	858	1243	48	891	1291	30
826	1197	10	859	1244	93	892	1292	75
827	1198	55	860	1246	38	893	1294	20
828	1200	»»	861	1247	83	894	1295	65
829	1201	45	862	1249	28	895	1297	10
830	1202	90	863	1250	72	896	1298	55
831	1204	35	864	1252	17	897	1300	»»
832	1205	80	865	1253	62	898	1301	45
833	1207	25	866	1255	07	899	1302	90
»»»»	»»»»»» »»»		»»»»	»»»»»» »»»		900	1304	35

FRANCS ANCIENS, RÉDUITS EN FRANCS NOUVEAUX.

ANCIENS.	NOUVEAUX.		ANCIENS.	NOUVEAUX.		ANCIENS.	NOUVEAUX.	
Livres.	Fr.	Cent.	Livres.	Fr.	Cent.	Livres.	Fr.	Cent.
901	1305	80	934	1353	62	967	1401	45
902	1307	25	935	1355	07	968	1402	90
903	1308	70	936	1356	52	969	1404	35
904	1310	14	937	1357	97	970	1405	80
905	1311	59	938	1359	42	971	1407	25
906	1313	04	939	1360	87	972	1408	70
907	1314	49	940	1362	32	973	1410	14
908	1315	94	941	1363	77	974	1411	59
909	1317	39	942	1365	22	975	1413	04
910	1318	84	943	1366	67	976	1414	49
911	1320	29	944	1368	12	977	1415	94
912	1321	74	945	1369	57	978	1417	39
913	1323	19	946	1371	01	979	1418	84
914	1324	64	947	1372	46	980	1420	29
915	1326	09	948	1373	91	981	1421	74
916	1327	54	949	1375	36	982	1423	19
917	1328	99	950	1376	81	983	1424	64
918	1330	43	951	1378	26	984	1426	09
919	1331	88	952	1379	71	985	1427	54
920	1333	33	953	1381	16	986	1428	99
921	1334	78	954	1382	61	987	1430	43
922	1336	23	955	1384	06	988	1431	88
923	1337	68	956	1385	51	989	1433	33
924	1339	13	957	1386	96	990	1434	78
925	1340	58	958	1388	41	991	1436	23
926	1342	03	959	1389	86	992	1437	68
927	1343	48	960	1391	30	993	1439	13
928	1344	93	961	1392	75	994	1440	58
929	1346	38	962	1394	20	995	1442	03
930	1347	83	963	1395	65	996	1443	48
931	1349	28	964	1397	10	997	1444	93
932	1350	72	965	1398	55	998	1446	38
933	1352	17	966	1400	» »	999	1447	83
» » »	» » » » » »	» » »	» » » »	» » » » » »	» » »	1000	1449	28

NB. Suite à page 21.

CENTIMES FÉDÉRAUX, RÉDUITS EN ANCIENS RAPPES SUISSES.

N. Cs.	ANCIENS. Rappes.	Rap.	N. Cs.	ANCIENS. Rappes.	Rap.	N. Cs.	ANCIENS. Rappes.	Rap.
1	$0\,^{69}/_{100}$	soit 1	34	$23\,^{46}/_{100}$	soit 23	67	$46\,^{23}/_{100}$	soit 46
2	$1\,^{38}/_{100}$	» 1	35	$24\,^{15}/_{100}$	» 24	68	$46\,^{92}/_{100}$	» 47
3	$2\,^{7}/_{100}$	» 2	36	$24\,^{84}/_{100}$	» 25	69	$47\,^{61}/_{100}$	» 48
4	$2\,^{76}/_{100}$	» 3	37	$25\,^{53}/_{100}$	» 26	70	$48\,^{30}/_{100}$	» 48
5	$3\,^{45}/_{100}$	» 3	38	$26\,^{22}/_{100}$	» 26	71	$48\,^{99}/_{100}$	» 49
6	$4\,^{14}/_{100}$	» 4	39	$26\,^{91}/_{100}$	» 27	72	$49\,^{68}/_{100}$	» 50
7	$4\,^{83}/_{100}$	» 5	40	$27\,^{60}/_{100}$	» 28	73	$50\,^{37}/_{100}$	» 50
8	$5\,^{52}/_{100}$	» 6	41	$28\,^{29}/_{100}$	» 28	74	$51\,^{6}/_{100}$	» 51
9	$6\,^{21}/_{100}$	» 6	42	$28\,^{98}/_{100}$	» 29	75	$51\,^{75}/_{100}$	» 52
10	$6\,^{90}/_{100}$	» 7	43	$29\,^{67}/_{100}$	» 30	76	$52\,^{44}/_{100}$	» 52
11	$7\,^{59}/_{100}$	» 8	44	$30\,^{36}/_{100}$	» 30	77	$53\,^{13}/_{100}$	» 53
12	$8\,^{28}/_{100}$	» 8	45	$31\,^{5}/_{100}$	» 31	78	$53\,^{82}/_{100}$	» 54
13	$8\,^{97}/_{100}$	» 9	46	$31\,^{74}/_{100}$	» 32	79	$54\,^{51}/_{100}$	» 55
14	$9\,^{66}/_{100}$	» 10	47	$32\,^{43}/_{100}$	» 32	80	$55\,^{20}/_{100}$	» 55
15	$10\,^{35}/_{100}$	» 10	48	$33\,^{12}/_{100}$	» 33	81	$55\,^{89}/_{100}$	» 56
16	$11\,^{4}/_{100}$	» 11	49	$33\,^{81}/_{100}$	» 34	82	$56\,^{58}/_{100}$	» 57
17	$11\,^{73}/_{100}$	» 12	50	$34\,^{50}/_{100}$	» 35	83	$57\,^{27}/_{100}$	» 57
18	$12\,^{42}/_{100}$	» 12	51	$35\,^{19}/_{100}$	» 35	84	$57\,^{96}/_{100}$	» 58
19	$13\,^{11}/_{100}$	» 13	52	$35\,^{88}/_{100}$	» 36	85	$58\,^{65}/_{100}$	» 59
20	$13\,^{80}/_{100}$	» 14	53	$36\,^{57}/_{100}$	» 37	86	$59\,^{84}/_{100}$	» 59
21	$14\,^{49}/_{100}$	» 14	54	$37\,^{26}/_{100}$	» 37	87	$60\,^{3}/_{100}$	» 60
22	$15\,^{18}/_{100}$	» 15	55	$37\,^{95}/_{100}$	» 38	88	$60\,^{72}/_{100}$	» 61
23	$15\,^{87}/_{100}$	» 16	56	$38\,^{61}/_{100}$	» 39	89	$61\,^{41}/_{100}$	» 61
24	$16\,^{56}/_{100}$	» 17	57	$39\,^{33}/_{100}$	» 39	90	$62\,^{10}/_{100}$	» 62
25	$17\,^{25}/_{100}$	» 17	58	$40\,^{2}/_{100}$	» 40	91	$62\,^{79}/_{100}$	» 63
26	$17\,^{94}/_{100}$	» 18	59	$40\,^{71}/_{100}$	» 41	92	$63\,^{48}/_{100}$	» 63
27	$18\,^{63}/_{100}$	» 19	60	$41\,^{40}/_{100}$	» 41	93	$64\,^{17}/_{100}$	» 64
28	$19\,^{32}/_{100}$	» 19	61	$42\,^{9}/_{100}$	» 42	94	$64\,^{86}/_{100}$	» 65
29	$20\,^{1}/_{100}$	» 20	62	$42\,^{78}/_{100}$	» 43	95	$65\,^{55}/_{100}$	» 66
30	$20\,^{70}/_{100}$	» 21	63	$43\,^{47}/_{100}$	» 43	96	$66\,^{24}/_{100}$	» 66
31	$21\,^{39}/_{100}$	» 21	64	$44\,^{16}/_{100}$	» 44	97	$66\,^{93}/_{100}$	» 67
32	$22\,^{8}/_{100}$	» 22	65	$44\,^{85}/_{100}$	» 45	98	$67\,^{62}/_{100}$	» 68
33	$22\,^{77}/_{100}$	» 23	66	$45\,^{54}/_{100}$	» 46	99	$68\,^{31}/_{100}$	» 68
»»	»»	» »»	»»	»»	» »»	100	69	69

NB. La Table ci-dessus indique d'abord la contre-valeur des Centimes en Rappes et fractions de rappes; puis la valeur en nombre ronds de Rappes, en comptant toute fraction de $^{50}/_{100}$ et en sus pour un rappe entier, comme c'est l'usage quand l'on veut n'avoir pas de fractions.

Francs fédéraux nouveaux, réduits en francs de Suisse anciens.

NOUV.	ANCIENS.		NOUV.	ANCIENS.		NOUV.	ANCIENS.	
Francs.	Livres.	Rap.	Francs.	Livres.	Rap.	Francs.	Livres.	Rap.
1	0	69	34	23	46	67	46	23
2	1	38	35	24	15	68	46	92
3	2	07	36	24	84	69	47	61
4	2	76	37	25	53	70	48	30
5	3	45	38	26	22	71	48	99
6	4	14	39	26	91	72	49	68
7	4	83	40	27	60	73	50	37
8	5	52	41	28	29	74	51	06
9	6	21	42	28	98	75	51	75
10	6	90	43	29	67	76	52	44
11	7	59	44	30	36	77	53	13
12	8	28	45	31	05	78	53	82
13	8	97	46	31	74	79	54	51
14	9	66	47	32	43	80	55	20
15	10	35	48	33	12	81	55	89
16	11	04	49	33	81	82	56	58
17	11	73	50	34	50	83	57	27
18	12	42	51	35	19	84	57	96
19	13	11	52	35	88	85	58	65
20	13	80	53	36	57	86	59	34
21	14	49	54	37	26	87	60	03
22	15	18	55	37	95	88	60	72
23	15	87	56	38	64	89	61	41
24	16	56	57	39	33	90	62	10
25	17	25	58	40	02	91	62	79
26	17	94	59	40	71	92	63	48
27	18	63	60	41	40	93	64	17
28	19	32	61	42	09	94	64	86
29	20	01	62	42	78	95	65	55
30	20	70	63	43	47	96	66	24
31	21	39	64	44	16	97	66	93
32	22	08	65	44	85	98	67	62
33	22	77	66	45	54	99	68	31
» »	» »	» »	» »	» »	» »	100	69	» »

Francs fédéraux nouveaux, réduits en francs de Suisse anciens.

NOUV.	ANCIENS.	NOUV.	ANCIENS.	NOUV.	ANCIENS.
Francs.	Livres.	Francs.	Livres.	Francs.	Livres.
100	69	3400	2346	6700	4623
200	138	3500	2415	6800	4692
300	207	3600	2484	6900	4761
400	276	3700	2553	7000	4830
500	345	3800	2622	7100	4899
600	414	3900	2691	7200	4968
700	483	4000	2760	7300	5037
800	552	4100	2829	7400	5106
900	621	4200	2898	7500	5175
1000	690	4300	2967	7600	5244
1100	759	4400	3036	7700	5313
1200	828	4500	3105	7800	5382
1300	897	4600	3174	7900	5451
1400	966	4700	3243	8000	5520
1500	1035	4800	3312	8100	5589
1600	1104	4900	3381	8200	5658
1700	1173	5000	3450	8300	5727
1800	1242	5100	3519	8400	5796
1900	1311	5200	3588	8500	5865
2000	1380	5300	3657	8600	5934
2100	1449	5400	3726	8700	6003
2200	1518	5500	3795	8800	6072
2300	1587	5600	3864	8900	6141
2400	1656	5700	3933	9000	6210
2500	1725	5800	4002	9100	6279
2600	1794	5900	4071	9200	6348
2700	1863	6000	4140	9300	6417
2800	1932	6100	4209	9400	6486
2900	2001	6200	4278	9500	6555
3000	2070	6300	4347	9600	6624
3100	2139	6400	4416	9700	6693
3200	2208	6500	4485	9800	6762
3300	2277	6600	4554	9900	6831
» » » »	» » » »	» » » »	» » » »	10,000	6900

EXTRAIT DE LA LOI SUR LES MONNAIES FÉDÉRALES,

DU 7 MAI 1850.

L'unité monétaire suisse est le franc, ayant cinq grammes d'argent fin, au titre de $^9/_{10}$; il se divise en 100 centimes (rappes).

Les espèces suisses de monnaies sont :

1° *En argent*, la pièce de 5 francs, la pièce de 2 francs, la pièce de 1 franc et la pièce de demi-franc (50 cent.).

2° *En billon*, la pièce de 20 centimes, la pièce de 10 centimes et la pièce de 5 centimes.

3° *En cuivre*, la pièce de 2 centimes et la pièce de 1 centime.

Les espèces d'argent sont toutes au titre de l'unité monétaire. (du franc.)

L'alliage des monnaies de billon se compose de cuivre, de zinc et de nikel.

Les espèces de cuivre consistent en cuivre avec un alliage d'étain.

Le diamètre des espèces d'argent doit être le même que celui des espèces françaises.

Les monnaies suisses, nouvelles, auront le même cours que les monnaies françaises.

Toutes les monnaies suisses existantes actuellement en circulation, seront retirées par séries et dans un espace de temps déterminé.

Le retrait de ces monnaies se fera d'après le tarif ci-après :

Les monnaies d'or, ainsi que toutes les monnaies d'argent, seront retirées au taux de leur valeur nominale en francs de Suisse et rappes actuels. La contre-valeur en sera payable en espèces neuves, la pièce de 5 francs à raison de 35 ½ batz, soit le nouveau franc à 71 rappes.

Ces taxes ne sont cependant applicables ni au paiement des intérêts de capitaux déjà placés ou des capitaux eux-mêmes, ni aux créances ou contrats antérieurs de l'administration fédérale des finances.

Tarif pour l'échange des anciennes monnaies.

Espèces d'or.

(tarifées en ancienne monnaie et payables en francs nouveaux à 71 rappes.)

	FR.	RAP.
Doublons de Berne.	16	20
Ducats de Berne.	8	10
Pièces de 10 francs de Lucerne.	10	12
Pièces de 20 francs de Genève.	14	20
» de 10 » id.	7	10

Espèces d'argent.

(tarifées en ancienne monnaie et payables en francs nouveaux à 71 rappes.)

	FR.	RAP.
Pièces de 10 francs de Genève	7	10
» de 4 francs, écus neufs de tous les Cantons...	4	05
7 dits.	28	40
Ecus de Brabant, ou Kronenthaler.	4	05
Pièces de 2 florins de Zurich (1 florin en proportion)	3	25
» de ½ florin.	0	80
» de ¼ dit (4 batz).	0	40
» de 2 florins de Bâle (⅔ et ½ en proportion)..	3	04
» de 1 dit, Allemagne méridionale.	1	50
» de 1 dit, Lucerne, 1793 (½ et ¼ en proport.)	1	32
» de 1 dit, Schwytz (idem).	1	20
Ecus de Berne (½ et ¼ en proportion).	3	04
7 dits.	21	30
Pièces de 20 batz de tous les Cantons.	2	02
7 dites.	14	20
» de 10 batz de tous les Cantons.	1	01
7 dites.	7	10
» de 5 batz de tous les Cantons.	0	50
» de 2 ½ batz id.	0	25
» de 5 francs de France.	3	55
» de 1 franc id.	0	71
» de 21 batz de Neuchâtel.	1	90
» de 14 batz id.	1	27
» de 10 ½ batz id.	0	95
» de 7 batz id.	0	63
» de 15 schillings de Glaris.	0	45
» de 10 dits de Lucerne.	0	32
» de 4 batz, Uri, Schwytz.	0	40
» de 15 kreutzer de Saint-Gall.	0	37
» de 20 dits d'Autriche, soit ⅙ de l'écu de Convention.	0	60

Suite.

Monnaies de Billon et de Cuivre.

TARIFÉES ET PAYABLES EN NOUVELLES MONNAIES.

Pièces	CENTs.	Pièces	CENTs.
» de 3 batz de Bâle et du Valais,	42	» de 2/3 batz de Schwytz,	09
» de 6 kreutzer du Valais,	21	» de 3 soldi du Tessin,	09
» de 6 dits de Saint-Gall,	20	» de 1 schilling de Zurich,	05
» de 2 batz, Zurich, Uri, Schwytz,	28	» de 1 dit de Lucerne,	04
» de 5 schillings de Lucerne,	23	» de 1 dit de Glaris,	04
» de 4 dits de Bâle,	16	» de 1 kreutzer de tous les Cant.	03
» de 2 dits id.	08	10 pièces de 1 kreutzer,	35
» de 1 batz de tous les Cantons,		» de 2 rappes,	02
(Glaris et Neuchâtel exceptés)	14	10 pièces, idem,	28
71 batz pour Fr. 10 *		» de 1 blutzger des Grisons,	02
» de 1/2 batz de tous les Cantons,		» de 1/2 kreutzer de tous les Cant.	01
(Neuchâtel excepté)	07	» de 1 rappe,	01
» de 1 batz, soit 3 schill. de Glaris,	13	» de 6 denari du Tessin,	01
» de 1 dit de Neuchâtel,	13	10 pièces, idem,	15
» de 1/2 dit id.	06	10 pièces de 3 denari,	07
20 pièces de 1,2 batz, Fr. 1	30	40 pfennings d'Appenzell,	35

* ce qui fait ressortir l'écu de 5 fr. à 35 1/2 batz.

Les pièces de Genève de 25, 10, 5, 4, 2 et 1 centimes, d'après leur valeur nominale.

Extrait du Décret du Grand Conseil du Canton de Vaud, sur le cours des anciennes monnaies (du 2 août 1850).

A dater du 1er janvier 1851, tous les Contrats et Conventions quelconques faits dans le Canton, doivent être stipulés d'après le nouveau système monétaire.

En attendant l'émission des nouvelles monnaies fédérales (billon et cuivre), la monnaie actuelle est admise au taux de :

2 centimes pour	la pièce	de 2 rappes.	
3 id.	id.	de 2 ¹/₂ rappes.	
7 id.	id.	de ¹/₂ batz.	
14 id.	id.	de 1 batz.	
35 id.	id.	de 2 ¹/₂	
70 id.	id.	de 5 batz.	

La pièce de 4 fr. de tous les Cantons (Neuchâtel excepté), pr Fr.	5	80 c.
» de 2 fr. idem, idem,	2	90 c.
» de 1 fr. idem, idem,	1	45 c.

Tarif des Batz en francs et centimes fédéraux.

Batz.	Fr.	Cent.	Batz.	Fr.	Cent.
$\frac{1}{4}$	0	3	36	5	04
$\frac{1}{2}$	0	7	37	5	18
1	0	14	38	5	32
2	0	28	39	5	46
3	0	42	40	5	60
4	0	56	41	5	74
5	0	70	42	5	88
6	0	84	43	6	02
7	0	98	44	6	16
8	1	12	45	6	30
9	1	26	46	6	44
10	1	40	47	6	58
11	1	54	48	6	72
12	1	68	49	6	86
13	1	82	50	7	» »
14	1	96	51	7	14
15	2	10	52	7	28
16	2	24	53	7	42
17	2	38	54	7	56
18	2	52	55	7	70
19	2	66	56	7	84
20	2	80	57	7	98
21	2	94	58	8	12
22	3	08	59	8	26
23	3	22	60	8	40
24	3	36	61	8	54
25	3	50	62	8	68
26	3	64	63	8	82
27	3	78	64	8	96
28	3	92	65	9	10
29	4	06	66	9	24
30	4	20	67	9	38
31	4	34	68	9	52
32	4	48	69	9	66
33	4	62	70	9	80
34	4	76	71	10	» »
35	4	90	$106\frac{1}{2}$	15	» »
$35\frac{1}{2}$	4	97	142	20	» »

La nouvelle loi fixant à Fr. 10 fédéraux le produit de 71 batz, comme on le voit ici, il nous paraît utile de faire observer qu'à partir du 1er janvier 1851, les paquets d'ancienne monnaie devront être de 35 $\frac{1}{2}$ batz, comme représentant exactement la moitié de Fr. 10, soit Fr. 5 fédéraux; toutefois ces mêmes 35 $\frac{1}{2}$ batz pris isolément, ne vaudront que Fr. 4. 97 cent., ou en d'autres termes, il faudra dans ce dernier cas, 35 $\frac{3}{4}$ batz pour représenter ou pour payer Fr. 5 fédéraux.

NB. Il faut ne pas oublier que les Batz de Neuchâtel et Glaris ne valent que 13 centimes : les $\frac{1}{2}$ Batz, 6 centimes.

ANCIENS.	(Suite de page 13.)	NOUVEAUX.
Liv. 2,000	à L. 69 pour 100,	Fr. 2,898. 55 c.
» 3,000	idem,	» 4,347. 83 »
» 4,000	idem,	» 5,797. 10 »
» 5,000	idem,	» 7,246. 38 »
» 6.000	idem,	» 8,695. 65 »
» 7,000	idem,	» 10,144. 93 »
» 8,000	idem,	» 11,594. 20 »
» 9,000	idem,	» 13,043. 48 »
» 10,000	idem,	» 14,492. 75 »

APPENDICE.

D'après le décret vaudois du 2 août 1850, toutes les espèces qui n'y sont point tarifiées ou qui ne sont pas à l'unité monétaire du nouveau franc ($^9/_{10}$ de fin) ne pouvant plus avoir cours dans le canton de Vaud, que comme marchandise, à partir du 1er janvier 1851; nous croyons devoir indiquer ici, en nouvelle monnaie, les prix de quelques-unes de ces pièces démonétisées, les plus répandues chez nous, tels qu'ils ressortent de la taxe fédérale, afin que les porteurs de ces espèces sachent à quoi s'en tenir sur leur taux d'échange et d'écoulement en nouveaux francs fédéraux; ce sont :

	Taxe fédérale, anc. monn.			Font en nouv. monn.	
	F.	R.		F.	Cent.
L'Ecu de Brabant ou Kronenthaler...	4	05	à 100 p. 71	5	70
10 pièces................			»	57	04
Pièces de 1 florin, Allemagne mérid.	1	50	»	2	11
10 pièces................			»	21	12
» de 2 » de Bâle (1 thaler).	3	04	»	4	28
10 pièces................			»	42	85
» de 1 » de Bâle (½ thaler)	1	52	»	2	14
10 pièces................			»	21	42
» de 10 batz de Bâle (⅓ thaler)	1	01	»	1	42
10 pièces................			»	14	28
» de 21 batz de Neuchâtel.....	1	90	»	2	67
10 pièces................			»	26	76
» de 10 ½ batz de Neuchâtel..	0	95	»	1	33
10 pièces................			»	13	38
» de 20 kreutzer d'Autriche...	0	60	»	0	84
10 pièces................			»	8	45

A la même Librairie :

TABLEAU DE RÉDUCTIONS

DES FRANCS DE SUISSE ANCIENS, EN FRANCS FÉDERAUX NOUVEAUX.

SUR GRANDE FEUILLE,

à l'usage des Bureaux.

Imprimerie S. Genton, Luquiens et Cie.